Reinhard Michl lebt als freischaffender Künstler in München und hat sich als Illustrator und Bilderbuchmaler einen Namen gemacht. Sein erfolgreichstes Buch ›Der Findefuchs‹ (Text von Irina Korschunow), dtv junior 7521 und 7570, ist auch in vielen Lizenzausgaben im In- und Ausland erschienen. Aber auch ›Ein Tag am Fluß‹, zu dem er Text und Bild schuf, ›Mischa und seine Brüder‹ (Text von Hans Baumann) und ›Es klopft bei Wanja in der Nacht‹ (Text von Tilde Michels) sind bereits international erfolgreiche Bilderbücher. Vier der von Reinhard Michl illustrierten Bücher standen in der Auswahlliste zum Deutschen Jugendliteraturpreis. Für ›Es klopft bei Wanja in der Nacht‹ erhielt er zusammen mit der Autorin 1986 den Gustav-Heinemann-Friedenspreis.

Tilde Michels wohnt in München, schreibt Kinderbücher und Bilderbuchtexte, übersetzt, lektoriert und arbeitet für Funk und Fernsehen. Einige ihrer Titel: ›Kleiner König Kalle Wirsch‹, ›Ich wünsch mir einen Zauberhut‹, ›So war der Ritter Eisenkorn‹, ›Gustav Bär‹-Geschichten und ›Kleine Hasen werden groß‹. Tilde Michels hat sich auch die Geschichte zu dem Bilderbuch ›Es klopft bei Wanja in der Nacht‹ ausgedacht, zu dem Reinhard Michl die Bilder schuf (Gustav-Heinemann-Friedenspreis 1986 und Auswahlliste zum Deutschen Jugendliteraturpreis 1986).
Bücher von Reinhard Michl und Tilde Michels bei dtv junior: siehe Seite 32

Reinhard Michl · Tilde Michels

Am Froschweiher

Deutscher Taschenbuch Verlag

Wenn du Glück hast, kannst du auch heute noch einen Platz in der Natur entdecken, der versteckt und einsam liegt: eine Waldlichtung, ein Moor – oder einen Weiher.

Das Wasser schimmert blau. Es kann aber auch grau sein oder braun oder grün. Gerade so, wie sich Bäume, Himmel und Wolken darin spiegeln.

In den ersten warmen Frühlingstagen wird es lebendig um den Weiher. Alles erwacht aus der Winterruhe. Die Bisamratte kommt aus ihrem Bau. Wer ein Nest bauen will, fängt jetzt damit an.

Die Frösche tauchen
aus dem Schlamm auf
und halten Hochzeit –
alle zur gleichen Zeit.
Die Weibchen hüpfen
mit ihren kleinen Männchen
auf dem Rücken herum,
bis die Eier abgelegt sind.
Der wabbelige Froschlaich

schwappt dann in Klumpen
am seichten Ufer.
Tausende von Kaulquappen
schlüpfen aus.
Aber nicht alle
bleiben am Leben.
Viele werden aufgefressen,
weil andere Tiere
sie als Nahrung brauchen.

Zur Laichzeit kommen auch die Erdkröten an den Weiher. Sie unternehmen weite Wanderungen, um ihre Eier ans Wasser zu bringen, an immer den gleichen Laichplatz. Viele verschiedene Arten von Fröschen und Kröten gibt es. Aber alle machen die gleiche Verwandlung durch: vom Ei zur Kaulquappe, von der Kaulquappe zum ausgewachsenen Tier.

In den hellen Nächten schimmert der Mond im Weiher. Rundum regt sich das Leben. Es quarrt und blubbert, es zirpt und sirrt, es raschelt im Schilf.
Und ein Schatten gleitet über die Wiesen: eine Eule, die den Boden nach Beute absucht.

Vom frühen Morgen an steht der Reiher am Ufer. Zum Fischen sucht er sich einen Platz im seichten Wasser. Dort steht er lange Zeit regungslos. Seine Augen lauern auf jede Bewegung. Er wartet.
Plötzlich schnellt sein Hals vor und stößt tief ins Wasser. Gleich darauf hält er einen Fisch im Schnabel.

Auch der Hecht ist ständig auf Jagd nach Beute.
Er ist ein Vielfraß und ein Räuber, der nach
allem schnappt, was ihm vors Maul kommt.
Die kleinen Fische flüchten vor ihm.
Die Molche buddeln sich eilig in den Schlamm,
sobald er sich zeigt.

Wenn die Teichrosen aufgeblüht sind, ist es Sommer. Dann wird es in der Mittagsstunde still um den Weiher. Alle Stimmen und Laute verstummen. Die Sonne steht hoch am Himmel; ihr Licht gleißt über dem Wasser. Die Hitze flirrt. Kein Halm regt sich im Schilf.

Ein Unwetter zieht auf. Mächtig und bleigrau türmen sich die Wolken. Die Luft ist schwer und dämpfig. Von fern grollt ein Donner.
Die ersten dicken Tropfen klatschen in den Weiher. Blasen spritzen auf, und Ringe tanzen über das Wasser.
Dann tobt es los! Der Wind peitscht das Ufergras. Der Regen prasselt. Aus den Wolken entladen sich Blitze. Jetzt ist kein Tier mehr unterwegs. Die Vögel sind in die Bäume geflüchtet. Die Insekten haben sich ins Moos und unter Blätter verkrochen. Die Frösche sind in den morastigen Grund geschlüpft.

So plötzlich wie es kam, hat sich das Gewitter verzogen. Nebel steigt aus dem Moor;
der Weiher glänzt in der Abenddämmerung.
Und alle Frösche finden sich ein zum großen Froschkonzert.

Hin und wieder bekommt der Weiher Besuch von einem Entenpaar. Die beiden Enten schnattern eine Weile in den Wasserlinsen herum und rauschen dann wieder ab.

Jetzt zieht der Mäusebussard einsam seine Kreise. Selbst aus großer Höhe erkennt er, was da über den Boden huscht. Er hat hungrige Junge im Nest. Für die sucht er Nahrung.

Vielleicht hast du Glück. Vielleicht findest du so einen Weiher.
Geh ein paar Schritte über den Steg. Setz dich aufs warme Holz und schau! Dann siehst du, wie an diesem kleinen Weiher alles lebt und wächst. Und du spürst, daß die Natur hier noch so ist, wie sie überall auf der Erde sein sollte.

Laubfrosch
Moorfroschpärchen
Teichhuhn mit Küken
Kaulquappen
Schwimmkäfer
Scheckenfalter
Libellenlarve
Gelbrandkäfer
und Larve
Bisamratte
Spitzschlammschnecke
Teichmuschel
Häuser
der Posthornschnecke
Erdkröte

Waldohreule
Totenkopfschwärmer
Steinfliege
Stockentenpaar
Teichfrosch
Fledermäuse
Großer Blaupfeil
Gebänderte Prachtlibelle
Ringelnatter
Graureiher
Mäusebussard
Hecht
Teichmolch-
pärchen

Reinhard Michl illustrierte außerdem für dtv junior:

Irina Korschunow: Der Findefuchs? Band 7570 (große Druckschrift)
und 7521 (Schreibschrift
Rudyard Kipling: Das Dschungelbuch, Band 79001

Von Tilde Michels sind ebenfalls bei dtv junior lieferbar:

In der Reihe für Leseanfänger:
Das alles ist Weihnachten, Band 7149
Frühlingszeit Osterzeit, Band 7493
Karlines Ente (große Druckschrift), Band 7567
Geschwistergeschichten von Karli, Poldi und Sabine
(Schreibschrift), Band 7525
Sieben suchen sieben Sachen. Bilderbuch, Band 7979

Originalausgabe
April 1987

Umschlaggestaltung: Celestino Piatti
Umschlagbild: Reinhard Michl
Gesetzt aus der Bembo 13/15˙
Gesamtherstellung: Kösel, Kempten
Printed in Germany · ISBN 3-423-07983-5